KB252532

성공하려면 듣는 법부터 배워라

LISTENING FOR SUCCESS

by Steve Shapiro

Copyright ⓒ 1999 by Steve Shapiro
Korean language edition published by arrangement
with Steve Shapiro and Shin Won Agency Co., Seoul.
Translation Copyright ⓒ 2000 by Beautiful Society Publishers.

이 책의 한국어판 저작권은 독점 계약으로
도서출판 **아름다운 사회**에 있습니다.
저작권법에 의해 한국 내에서 보호를 받는 저작물이므로
무단전제와 무단복제를 금합니다.

성공하려면 듣는 법부터 배워라

스티브 사피로 지음
권현정 역

도서출판 **아름다운 사회**

옮긴이 **권현정**

1986년 이화여자대학교 영어영문과를 졸업했으며,
현재 대구에서 영어 강사로 활동중에 있다.
역서로는 〈아메리칸드림을 되찾는 프로슈머〉 등이 있다.

성공하려면 듣는 법부터 배워라.

1판 1쇄 찍음 / 2000년 9월 7일
1판 12쇄 펴냄 / 2025년 10월 25일

지은이 / 다니엘 박
펴낸이 / 배동선
마케팅부/최진균
펴낸곳 / 아름다운사회

출판등록 / 2008년 1월 15일
등록번호 / 제2008-1738호

주 소 / 경기도 시흥시 장현동 671-5 시티프론트 561 더파이브 711호
대표전화 / 031-316-6753 팩스 / 031-316-0516
E-mail / assabooks@naver.com

Korean Translation Copyright © 2003 by Beautiful Society Publishing Co.
Printed & Manufactured in Seoul, Korea

이 책의 한국어판 저작권은 도서출판 아름다운 사회에 있습니다.
저작권법에 의해 한국 내에서 보호를 받는 저작물이므로
무단전재와 무단복제를 금합니다.

ISBN 89-89724-15-5(03320)

값 4,000원
※ 잘못된 책은 교환해 드립니다.

나는 수년 동안 네트웍 사업자들에게 사람들을 자석처럼 끌어들이는 방법에 대해 가르쳐왔습니다. 왜냐하면 네트웍 마케팅 사업에서 성공하려면 당신의 그룹에 훌륭한 사람들이 참여하도록 유도하고 또한 충분한 관심을 기울여 그들이 목표를 달성할 수 있도록 도와주어야 하기 때문입니다.

사람들의 참여를 유도하고 자석처럼 끌어들이기 위해서는 우선 듣는 기술을 마스터해야 합니다. 듣는 것은 당신이 진심으로 상대방에게 관심을 갖고 있고 또한 당신이 그들의 성공을 헌신적으로 도와줄 것임을 가장 잘 보여주는 태도입니다.

당신의 네트웍 사업자들과 함께 이 책을 읽고 사람들

을 강하게 끌어당길 수 있는 역동적인 그룹을 만들어 보
십시오!

알론 새지
라구나 비치 캘리포니아

목차

왜 이 책을 읽어야 하는가?

> "Listen carefully to my words.
> let your ears take in what I say."
> - Job 13:17 -
> "내 말을 들어라. 내가 하는 말을 귀담아 들어라."

‘듣는 것’은 나무에서 과일을 따는 것과 같습니다.

과일을 따다 보면 어떤 경우에는 상한 것을 따기도 하고 또 어떤 경우에는 그저 그런 것 그리고 또 어떤 경우에는 잘 익고 싱싱한 것을 따기도 합니다.

하지만 ‘따는 행위’가 없으면 좋든 나쁘든 아무런 과일도 얻을 수 없습니다.

만약 당신이 다른 사람의 말을 가로채서 그들의 말을 대신 끝내거나 혹은 너무 많은 말을 하거나 아니면 너무 성급하게 반응하는 것은 마치 과일이 미처 열리기도 전에 나무를 베어버리는 것과 같습니다.

하지만 당신이 상대방의 말을 귀기울여 듣고 그들을 이해하고자 최선의 노력을 기울인다면 그들은 반드시 당신에게 싱그러운 결실을 안겨줄 것입니다.

물론 몇 몇 사람은 상한 과일처럼 앞뒤가 맞지 않고 혹은 옳지 않거나 잘못된 말을 하기도 합니다. 하지만 그런 말들 속에서도 당신이 그들에게 동기를 부여하거나 자극을 줄 수 있는 요소는 얼마든지 찾을 수 있습니다.

대화를 나누고 있는 도중에 상대방이 "나는 항상 집에서 일할만한 직업을 찾고 있었습니다"라고 말했다면, 그것은 잘 익은 과일이라고 할 수 있습니다. 그러나 당신이 말을 너무 많이 하거나 상대방의 말을 잘 듣지 않는다면 나무에 과일이 열려 있는지조차 알 수 없게 됩니다.

그리고 아무리 근사한 과일이 나무에 열려 있더라도 그것을 따는 방법을 모른다면, 그 과일은 그저 눈요기에 그치고 말 것입니다.

예를 들어 상대방이 집에서 일할만한 직업을 찾고 있다는 말을 했다고 합시다. 그러면 대부분의 네트웍 사업자들은 즉시 그들이 누리고 있는 위대한 기회에 대해 쉬지 않고 이야기할 것입니다.

하지만 그래가지고는 싱그러운 과일을 얻을 수가 없습니다. 좀더 진지하게 상대방의 말에 귀기울이십시오. 그 과일을 얻으려면 말하는 대신 들어야 하는 것입니다.

다만, "집에서 일할만한 것을 찾고 계셨군요. 구체적으로 어떤 것을 원하는 것인지 말씀해 주시겠습니까?"라거나 "집에서 일을 하면 어떤 점이 좋을까요?"라고 질문을 하십시오

이러한 질문을 던지고 상대방의 말에 귀기울인다면 당신 앞에 놓인 싱그러운 과일은 당신의 손이 닿기도 전에 저절로 떨어지게 될 것입니다.

단순하게 생각해 봅시다.

말로써 이렇게 저렇게 떠벌린다고 해서 판매가 쉽게 이루어집니까? 나는 지난 15년 동안 세일즈분야에 종사하면서 말을 많이 하면 할수록 적게 팔린다는 것을 터득하게 되었습니다. 반대로 상대방의 말에 귀를 기울이면 기울일수록 더 잘 팔렸습니다.

내가 말을 많이 하면 할수록 나는 고객에 대해 그만큼 모르게 됩니다. 고객들의 꿈이 무엇인지, 목표는 무엇인지, 잠재된 욕망이 있는지, 무엇을 하고 싶어하는지, 어떤 괴로움을 안고 있는지, 그 괴로움을 덜어주는 방법이 무엇인지 등 내가 영향을 미치고자 하는 상대방에 대해 아무 것도 알 수 없게 되는 것입니다.

어쩌면 나는 말을 많이 함으로써 그들에게 주어진 근사한 기회를 빼앗고 있는 것인지도 모릅니다. 그 기회는 독립사업자로서 재택근무가 가능하며 긍정적인 변화를 이루게 하고 경제적인 풍요까지 누릴 수 있는 네트웍 마케팅 사업을 말합니다.

이 책은 네트웍 마케팅에서의 성공을 위해 가장 중요한 기술이라 할 수 있는 '듣는 법'을 마스터할 수 있도록 도와줍니다.

'듣는 법'을 두고 가장 중요한 기술이라고 말하는 이유는 당신이 아무리 성공적이고 조직 내에서 높은 지위로 올라간다 해도 당신의 사업은 한 번에 한 사람을 상대로 하여 쌓아가야 하기 때문입니다.

그리고 그렇게 하기 위해서는 사람들과 개별적인 유대감을 돈독히 하여 그들이 본능적으로 거부하는 변화나 새로운 시도, 익숙한 타성에서 벗어날 수 있도록 해야 합니다. '듣는 기술'은 바로 사람들과 사람들을 연결해주는 가장 든든한 고리인 것입니다.

이제 당신은 듣는 것이 어떻게 당신과 잠재고객 혹은 네트웍 사업자간의 긴장을 완화시켜주는지를 배우게 될 것이며, 어떤 사람이 당신에게 "저는 파는 것을 싫어해요"라거나 "저는 친구들이나 친한 사람들에게 물건을 팔고 싶지 않아요"라고 말할 때, '듣는 것'이 얼마나 최상의 방편인가를 알게 될 것입니다.

그리고 '듣는 것'은 동기부여의 실마리가 된다는 것과 함께 이미 증명된 사례들을 통해 당신의 '듣는 기술'을 뚜렷하게 개선할 수 있도록 배울 것입니다.

당신이 속한 네트웍 마케팅 회사가 스킨 케어 제품을 주요 제품으로 다루든 건강식품이나 체중감량, 공기청정, 물, 안전, 금전적 서비스, 여행, 장거리 전화 서비스, 소비용품 등 그 밖의 어느 것을 다루든 당신은 사람들과의 교류를 통해 사업을 전개해 나가야 합니다.

그리고 사람들을 모집, 후원하고 그들을 발전시키고자 한다면 '듣는 기술'을 마스터해야 합니다.

나는 '듣는 법'을 매우 어렵게 배웠고 지금도 배우고 있는 중입니다. 그리고 5년 전부터 세미나를 통해 사람들에게 '듣는 기술'을 가르쳤는데, 그 이유는 가르치는 것만큼 잘 배울 수 있는 방법이 없기 때문입니다.

15년 동안의 적자생활, 엉망인 인간관계, 이혼의 쓰라림 그리고 8년 동안의 세일즈 트레이닝 및 카운셀링 회사를 운영하면서 나는 참으로 중요한 교훈을 배웠습니다.

그 교훈은 바로 '잘 듣지 않는다면 인간관계나 사업에서 좋은 결과를 얻을 수 없다는 것'입니다. 다시 말해 모든 계층에서 가장 성공적이고 정상에 오른 사람들은 '최상의 청취자'였습니다.

어느 분야에서든 세일즈에서 성공하려면 최상의 판매기술이 요구됩니다. 그럼에도 불구하고 판매경험이 전혀 없거나 거의 없는 사람들 그리고 팔기를 주저하는 사람들이 네트웍 마케팅에서 최고의 성공을 거두는 이유는 무엇일까요?

도나 라슨 존슨은 전업주부로 네트웍 마케팅을 시작했을 당시, 아무런 판매경험이 없었습니다. 게다가 그녀는 자신의 아이들을 보육원에 보내지 않고 자신이 돌보면서 부수입을 올릴 수 있는 일을 원했고 네트웍 마케팅을 통해 성공자의 위치로 올라섰습니다.

그뿐만 아니라 그녀는 회사의 지도자로서 아무런 판매 경험이 없는 다른 많은 사람들도 경제적 부를 축적할 수 있도록 도와주었습니다.

네트웍 마케팅을 전개하면서 사람들에게 마케팅의 기회를 소개하면 많은 사람들이 이렇게 대답합니다.

"하지만 저는 판매하는 것이 싫어요."

"아무래도 판매는 자신이 없어요."

이렇게 대답하는 이유는 대부분의 사람들이 '파는 것'을 두고 상대방이 원하지도 않는데 구입하도록 강요하거나 유도하는 것처럼 생각하고 있기 때문입니다.

누가 그런 일을 하고 싶어하겠습니까?

어느 누가 아침에 일어나며 '오늘도 사람들이 원치 않는 물건을 팔아야지'라고 생각하겠습니까?

네트웍 마케팅 사업에서의 '판매'는 일반인들이 생각하는 '판매'와 다릅니다. 이 사업에서의 성공자들은 판매를 전혀 다른 개념으로 받아들이고 있으며 자기 자신과 자신이 후원하고 지도하는 사람들에게도 다른 방식으로 정의를 내려주고 있습니다.

그리고 행동으로써 그것을 증명합니다.

그들에게 있어 판매란 '사람들이 자신의 인생의 질을 높일 수 있는 결정을 내리도록 도와주는 것'입니다.

그런 일은 당신도 기꺼이 하고 싶을 것입니다. 당신은 혹시 삶의 질을 높이는 게 싫어서 네트웍 마케팅 회사에 가입하는 것을 꺼리셨습니까? 아니면, 당신은 전혀 원하지 않았는데 강요에 밀려 어쩔 수 없이 가입하게 되었습니까?

만약 그랬다면 당신은 이미 네트웍 마케팅을 그만두었을 것입니다. 그리고 이 책을 읽고 있지도 않을 것입니다.

가장 위대한 청취자 중의 한 사람인 칼 로저스는 역사상 가장 영향력 있는 심리학자 중의 한 명으로 인도주의적인 심리학 운동을 창설하여 고객중심의 치료 개념으로 기존의 심리치료에 일대 혁명을 일으켰습니다.

만약 당신이 그의 논문을 읽어본다면 '고객중심의 치료'야말로 '듣는 기술'에 관한 것임을 알 수 있을 것입니다. 30년간의 실습과 연구 끝에 칼 로저스는 다른 사람의 가능성을 발굴하는데 있어서 가장 적합한 도구가 '듣는 것'이라는 결론을 내리게 되었습니다.

만약 당신이 네트웍 사업을 번창시키고 좀더 자질있는 사람들을 모집하여 후원하고자 한다면 그리고 당신의 꿈을 네트웍 마케팅을 통해 이루고자 한다면 이 책을 읽고 그것을 실천하십시오.

그러면 당신은 더 나은 청취자이자 성공적인 네트웍 사업자가 될 것입니다.

이 책의 제 1장에서 당신은 '듣는 것'이 어떻게 하여 당신을 변화시켜 주고 더 강한 호감을 주며 현명하게 만드는가를 배울 것입니다.

그리고 제 2장에서는 '듣는 것'의 진정한 의미와 그것이 어떻게 동기를 부여해주는 지를 배울 것입니다. 제 3장에서는 '듣는 것'이 왜 중요하며 왜 가장 효과적인 기술인가를 볼 수 있을 것입니다.

제 4장에서 당신은 다른 사람들에게 영향을 주려면 무엇을 들어야 하고 관심을 가져야 하는지를 배울 것이며 당신의 귀중한 시간을 낭비하지 않고 효율적으로 듣는 법을 알게 될 것입니다.

또한 제 5장의 주제는 '어떻게 들어야 하는가'이며 간단하게 2단계의 공식과 고차원의 복합적 '듣기 모델'이 소개됩니다.

새로운 사업을 시도하려는 당신에게 행운이 있기를 바랍니다.

제**1**장
열망

"Give me the gift of a listening heart." -Solomon
"저에게 남의 말에 귀기울이는 재능을 주소서."
- 솔로몬 -

이 세상은 듣는 용기와 듣고자 하는 욕구를 지니고 있
는 사람들을 강하게 원하고 있습니다. 당신과 내가 만나
는 모든 사람들은 들어주기를 간절히 원합니다.

하지만 듣고자 하는 사람은 얼마 되지 않습니다. 그렇
기 때문에 우리는 '완전한 관심'이라는 선물을 사기 위해

치료사에게 한 시간당 100달러를 지불하는 것입니다.

사람들은 보통 배우자나 자녀들보다 고객, 동업자, 상관의 말에 더 귀를 기울이는 경향이 강하며 어느 보고서에 따르면 아버지들이 자녀의 말을 듣는 시간은 일 주일에 평균 7분 정도이고 배우자끼리 서로 의미있는 대화를 나누는 시간은 일 주일에 평균 26분 정도라고 합니다.

반면, 이 세상은 말하는 사람, 말하고 싶어하는 사람들로 가득차 있습니다.

대부분의 사람들은 최고의 판매인들, 유명인사들, 연설가들이 가장 말을 잘 한다고 생각하지만, 이것은 잘못된 것입니다.

생각해 보십시오.

말을 많이 하는 사람과 잘 들어주는 사람 중 당신을 더 끌어당기는 사람은 누구입니까?

당신은 언제나 말하기를 좋아하는 지도자와 들어주기를 좋아하는 지도자 중에서 누구를 따르겠습니까?

교묘히 말하는 판매인과 당신의 관심, 필요, 요구, 소망에 귀를 기울이는 판매인 중에서 누구에게 물건을 사겠습니까?

당신의 상관이나 동료에게는 어떻게 하는 것이 좋을까요?

우리는 모두 누군가가 우리의 말을 진심으로 들어주기를 원하고 있습니다. 왜 그럴까요?

위대한 심리학자인 윌리엄 제임스는 "인간의 욕구 중에서 가장 큰 것은 존중받고 싶은 욕구 즉, 중요하다고 인정받고 싶은 욕구이다"라고 말합니다.

다른 사람이 말하는 것을 열심히 들어줄 때, 우리는 그 사람의 관심사항에 대해 알게 됩니다. 하지만 우리가 다른 사람에게 관심을 갖고 있다 할지라도 그들의 말을 들어주지 않으면 그들을 잘 알 수 없습니다.

그리고 당신이 상대방이 원하는 것에만 관심을 갖는 것이 아니라, 그들 자신과 그들의 꿈에 대해 관심을 기울이면 오히려 그들은 당신이 원하는 것을 주게 됩니다. 즉, 상대방이 원하는 것을 이루도록 도와줄 때, 당신이 원하는 것을 얻을 수 있는 것입니다.

따라서 만약 누군가가 당신의 다운라인으로서 참여하길 원한다면 당신은 상대방이 당신에게 무엇을 줄 수 있을까를 생각하기에 앞서 당신이 상대방에게 무엇을 줄 것인가에 중점을 두어야 합니다.

네트웍 마케팅으로 성공한 도나 라슨 존슨은 두 가지 이유로 네트웍 마케팅 회사에 등록을 하였습니다. 하나는 그녀가 스킨 케어 제품을 좋아했다는 것이고 나머지 하나는 집에서 아이들과 함께 지내면서 좋아하는 일을 할 수 있다는 점이었습니다. 결국 그녀는 자신이 원하는 조건하에서 열심히 일을 하여 꿈을 이루게 되었던 것입니다.

특히 도나는 네트웍 마케팅 사업을 전개하던 초반기에 '듣는 것'에 관해 좋은 교훈을 얻게 되었습니다.

어느 날, 그녀는 한 고객을 만나 집에서 아이들을 돌보며 사업을 전개할 수 있다는 장점을 말하면서 함께 일할 것을 권유하였습니다. 그것은 바로 도나가 네트웍 마케팅 사업을 사랑한 이유였지만, 상대방으로부터 냉담하게 거절을 당했습니다.

사업의 가능성과 훌륭함을 이해하지 못하는 상대방이 안타까워 열과 성을 다해 정중히 설득을 하자, 그녀는 이렇게 말했습니다.

"나는 아이들을 돌보며 일하는 것을 원치 않아요. 나는 아이들로부터 벗어나고 싶단 말이에요. 혹시 이 사업을 하면 근사한 옷을 입고 새로운 사람들을 만나며 아이들과 말씨름을 하는 대신 수준있는 대화를 나눌 수 있을지도 모른다는 생각을 했었어요."

도나는 상대방이 원하는 것이 무엇인지 미리 들었더라면 애써 설득하려 노력하지 않아도 되었을 것입니다. 그렇게 상대방의 진심을 듣고 난 후, 도나는 그 고객에게 어떻게 동기부여를 해야 할지 이해하기 시작했고, 상대방이 원하는 것을 줄 수 있는 방법을 제시할 기회를 가질 수 있었습니다.

도나의 고객은 우리 모두처럼 자신의 이야기를 들어주고 입장을 이해해 주길 원했던 것입니다.

사람들이 원하는 것은 누군가가 자신의 이야기에 귀를 기울여주고 자신의 삶의 질을 높여줄 방법을 함께 의논할 수 있을 만큼 관심을 가져주는 것입니다.

이제 도나는 고객을 만났을 때 이렇게 말합니다.

"메리, 당신이 이 사업에 참여하도록 하려면 내가 당신을 위해 무엇을 어떻게 해주어야 할까요?"

당신은 다른 사람의 말에 귀를 기울입니까? 아니면, 당신이 말할 수 있는 기회만 엿보고 있습니까?

진심으로 상대방의 세계를 이해하고 상대방의 시각으로 보려는 노력을 기울입니까? 아니면, 당신의 이야기에 귀를 기울여줄 사람을 찾고 있습니까?

만약 당신이 적게 말하고 더 많이 듣는 훈련을 끊임없이 지속한다면 당신의 사업과 인간관계가 놀랍도록 빠르게 변화하는 것을 경험하게 될 것입니다.

그러므로 이 책을 계속 읽어가면서 사람들의 말에 귀
를 기울이고 관심을 보여주며 이해하는 고귀한 능력을 어
떻게 사용해야 하는지 그 방법을 찾아보십시오.

제**2**장

'듣는 것'이란?

"Listening is wanting to hear." -Jim Cathcart -

"듣기를 원해야 들을 수 있다."

- 짐 캐스카트 -

'듣는다는 것'은 곧 '관심을 갖는다는 것'입니다.

관심이 있으면 듣게 되고 들으면 관심을 갖게 됩니다. 따라서 듣는 것은 사랑의 행위가 되고 사랑은 감정인 동시에 행동입니다. 결국 가장 기본적인 사랑의 행위는 '듣는 것'이라고 할 수 있습니다.

또한 듣는 것은 우리에게 '깨달음'을 줍니다.

자신의 판단을 보류하고 자신을 상대방에게 전적으로 맡기는 것을 불교에서 '전심'이라 하는데, 이러한 마음상태를 갖는 것은 인간의 커다란 과제 중의 하나입니다.

예를 들어 우리가 우리 자신과 타인 그리고 신에게 귀를 기울일 수 있는 능력을 개발한다고 가정해 봅시다.

내가 만약 나의 내부에서 우러나오는 작은 목소리에 귀를 기울인다면 나의 인생은 어떻게 될까요?

내 자신의 충고에 귀를 기울이고 타인에게 해준 충고를 내 인생에 적용한다면 어떻게 될까요?

만약 내가 상대방에게 사랑과 인정받는다는 느낌을 주고 상대의 말을 깊이 들어준다면 어떠할까요?

그리고 신의 목소리에 귀를 기울인다면 어떨까요?

많은 사람들이 자기 자신, 타인 그리고 신의 목소리에 귀기울이는 법을 배웠을 때, 우리의 가정, 나라와 세계는 평화와 안녕(安寧)의 시대로 나아가게 될 것입니다.

'듣는 것'은 인간의 행동욕구를 자극하는 열쇠입니다.

물론 당신은 상대방이 원치 않는 어떤 일을 하도록 자극을 줄 수도 있습니다. 하지만 설득된 사람이 반드시 자신의 의견 자체를 바꾼 것이라고 볼 수는 없습니다. 그것은 강요에 못 이겨 마지못해 승낙하는 것으로 일시적입니다.

설득을 위해 금전적으로 대가를 지불할 수도 있습니다. 하지만 그렇게 설득된 사람은 당신이 강요나 억지를 멈추고 금전적 보상을 주지 않으면 원래의 자리로 되돌아가고 맙니다.

사람들은 '원하는 것'이 무엇이냐에 따라 자극을 느끼는 것이 달라지며 동기부여의 초점도 그곳에 맞춰져야 합니다.

그리고 인간은 본능적으로 상처받거나 고통받는 것으로부터 멀어져 좋은 쪽으로 나아가려 합니다. 즉, 삶의 질을 저하시키는 것에서 벗어나 삶의 질을 높이는 쪽으로 가고자 하는 것입니다.

만약 당신이 상대방이 '원하는 것'을 알게 된다면, 그 사람에게 어떻게 동기부여를 해야 할지를 알게 됩니다. 하지만 당신이 쉴새없이 말을 늘어놓을 뿐, 상대방의 말을 듣지 않는다면 아무리 설득력 있는 말을 하더라도 동기부여를 불러일으킬 수가 없습니다.

"경제적 자유!"

"자유로운 시간!"

"휴가!"

"독립된 사업자!"

이렇게 근사한 이유를 늘어놓아도 이것은 여전히 당신의 이유일 뿐, 상대방이 원하는 것은 아닙니다.

내가 지금까지 보아온 네트웍 사업자들의 가장 큰 단점은 너무 말을 많이 한다는 것입니다. 말을 많이 하면 아무 것도 배울 수 없고 상대방이 원하는 것, 필요로 하는 것, 상처받은 곳, 중요한 것들에 대해 알 수가 없습니다.

당신에게 중요한 것만을 늘어놓으면 상대방에게 당신이 무엇을 중요하게 생각하는지 알려줄 뿐입니다. 그리고 말을 많이 함으로써 당신에게 중요한 것은 상대방이 원하든 원치 않든 사람들을 많이 모집하는 것임을 증명하게 됩니다.

하지만 상대방의 의지와 상관없이 억지로 설득당한 사람은 결국 설득당하지 않은 사람과 똑같다는 것을 기억하십시오.

만약 어떤 사람이 당신에게 "나는 친구들에게 물건을 팔고 싶지 않아요"라고 말한다면, 당신은 어떻게 대답하겠습니까?

여기에 한 번 그 대답을 써 보십시오.

____

____

____

____

네트웍 사업자 중에는 상대방의 관심과 동떨어진 설명을 하는 사람들도 많이 있습니다.

네트웍 사업자 : 당신은 친구들에게 물건을 팔 필요가 없습니다. 네트웍 사업은 좋은 영화나 식당을 추천하는 것과 같거든요. 당신이 감동을 받은 영화나 맛있는 음식을 서비스하는 음식점을 친구들에게 소개하려면 일단 그것에 관해 말해야겠지요. 바로 그런 것처럼 이루어지는 것이 네트웍 사업입니다.

프로스펙트 : 친구들에게 소개한다는 이유만으로 회사에서 나에게 돈을 지불할 이유는 없잖아요. 어찌되었든 팔아야 한다는 것 아닙니까?

네트웍 사업자 : 당신의 사업은 대부분 친구들과 이루어지는 것이 아니므로 그들에게 물건을 팔 필요는 없습니

다.

프로스펙트 : 그럼 누구에게 파나요?

네트웍 사업자 : 모르는 사람에게 팝니다. 단골 미용사
나 우연히 만난 사람 그리고 당신이 함께 사업을 하는 사
람들…. 아니면, 파티나 사업상의 미팅에서 만난 사람들
에게 파는 겁니다.

프로스펙트 : 저는 파는 것이 싫어요.

흔히 있는 이런 식의 대화는 마치 탁자의 맞은 편에서
서로 이기려고 말로써 탁구를 치는 것과 같습니다. 그리
하여 프로스펙트는 점점 더 강하게 자신의 입장을 고수하
려 하고 사업자는 더 세게 설득하려 합니다.

이 때, 네트웍 사업자는 프로스펙트를 이해하지 못하고
있는 것이므로 실제로는 대화가 오간 것이 아니라고 할
수 있습니다.

왜 그럴까요?

그것은 상대방의 말을 귀담아 듣지 않고 자신이 하고
싶은 말을 쏟아내 설득하려 했기 때문입니다. 만약 그 사
업자가 더 나은 청취자였다면 두 사람의 대화는 어떻게
되었을까요?

프로스펙트 : 나는 친구들에게 물건을 팔고 싶지 않습

니다.

네트웍 사업자 : (잠시 시간을 두고) 그렇게 말씀하시니 참 흥미롭군요. 제가 아는 가장 성공적인 사업자들 중의 한 사람도 그렇게 말한 적이 있습니다. 좀 더 말씀해 주시겠습니까?

프로스펙트 : 나는 다른 사람이 나에게 무엇인가를 하도록 강요하면 참을 수가 없습니다. 그래서 나도 다른 사람에게 강요하기가 싫어요. 나는 판매원 체질이 아닌가봐요.

네트웍 사업자 : 그러니까 당신은 사람들이나 친구들 그리고 그 누구에게도 강요하는 것 같은 느낌을 싫어하는군요.

프로스펙트 : (이해된 것을 느끼며) 그렇다고 할 수 있죠.

네트웍 사업자 : 당신은 '판매원'이라는 말을 통해 '강요'라는 말을 떠올리는 것 같습니다. 그래서 그 일을 하고 싶지 않은 거고요.

프로스펙트 : 맞아요.

네트웍 사업자 : 알겠습니다. 대부분의 사람들이 '판매원'이라는 말에 대해 당신처럼 느낍니다. 왜냐하면 우리는 집요하게 강요하는 판매원들을 많이 겪어 보았으니까

요, 심지어는 저희 회사에서 돈을 많이 번 사람들도 그렇게 느낍니다.

프로스펙트 : 그래요? 그러면 그들은 어떻게 하나요?

네트웍 사업자 : 저희 회사는 강요하지 않고도 사람들을 도울 수 있는 방법을 개발했는데, 한 번 살펴보고 당신 스스로 판단해보시겠습니까?

이 대화는 어떻습니까?

사업자가 프로스펙트의 말에 응답할 때, 작지만 중대한 변화가 일어나면서 전체적인 대화는 전혀 다른 방향으로 전개되고 있습니다.

즉, 경쟁적이 아닌 상호 협력적인 그리고 손해가 아닌 이익을 주는, 뒷걸음질이 아닌 전진을 한 것입니다.

그러면 그 차이는 어디에 있을까요?

그것은 바로 사업자가 프로스펙트의 말을 귀기울여 듣는다는 데 있습니다.

그렇다면 듣는 것이 모든 사람들의 거절을 승낙으로 바꿀 수 있는 것일까요? 물론 아닙니다. 하지만 당신의 의견을 전달할 때 상대의 긍정을 이끌어낼 수 있고 승낙을 얻어낼 수도 있습니다. 따라서 듣는 모습은 상대의 긍정적인 태도를 끌어낼 수 있는 최선의 자세입니다.

굳게 마음을 닫고 있는 사람들을 설득하기 위해 당신의 시간이나 그들의 시간을 낭비하지 말고 그대로 두십시오.

확신이 없어서 망설이는 사람들은 조금 더 알게 되면 스스로 확신을 갖게 될 수도 있습니다. 종종 의심을 많이 하는 사람들을 만나기도 하는데, 그들이 일단 믿음을 갖게 되면 최상의 사업자가 되기도 합니다.

하지만 말을 너무 많이 하여 그들을 잃지 않도록 좀더 경청하는 자세로 접근하십시오. 제 5장의 '어떻게 들을 것인가'를 보면 앞의 예문에서 사업자가 단순한 청취 공식을 이용했다는 사실을 알 수 있는데, 그것은 결코 쉬운 일이 아닙니다.

물론 그것은 간단하지만 쉬운 것은 아닙니다. 만약 듣는 것이 저절로 되거나 쉬운 일이라면 모든 사람들이 그렇게 할 수 있겠지만 듣는 것은 정말로 어려운 일입니다.

듣는 것은 ______이 아닙니다.

◇ 착하고 친절하고 훌륭한 사람처럼 보이려고 적당히 하는 행동

◇ 누군가에게 상처를 주거나 불쾌감을 주지 않는 방법을 모르기 때문에 하는 행동

◇ 관심도 없으면서 관심있는 척 하는 행동

◇ 당신이 항상 옳다는 것을 증명하기 위해 상대방의 주장을 듣고 반격을 가할 허점을 찾아내는 행동

◇ 다른 모든 것은 무시하고 어느 특정한 부분의 정보를 찾아내는 행동

◇ 상대방이 말하는 동안 당신이 다음에 무슨 말을 해야 할지 준비하는 행동

◇ 마치 석고상처럼 입을 꾹 다물고 가만히 앉아 있는 행동

◇ 당신이 말할 차례를 기다리는 행동

귀기울여 듣는 것(Listening)과 대충 건성으로 듣는 것(Hearing)은 다릅니다. 히어링(Hearing)은 생리적인 과정이지만 리스닝(Listening)은 정신적이고 감정적인 과정입니다.

작가인 M. 스카트 팩은 상대방의 말을 이해하기 위해 너무 열심히 들은 나머지 땀을 흘린 적이 있다고 말합니다. 바로 이것이 듣고자 하는 욕구입니다.

내가 아는 최상의 청취자들 중의 한 명은 청각장애자입니다. 그는 귀로 들을 수 없기 때문에 상대방이 말할 때의 몸짓, 얼굴 표정, 입술에 모든 신경을 집중합니다. 그리고 불분명한 것은 다시 질문하여 확인하고 상대방이

말하고자 하는 것이 무엇인지 신중하게 검토한 후에야 답변을 합니다. 그는 듣기를 원했기 때문에 위대한 청취자가 된 것입니다.

그렇다고 잘 듣기 위해 땀까지 흘려야 한다는 것은 아닙니다. 다만, 당신은 잘 듣기 위해 최선의 노력을 기울여야 합니다. 이 책을 통해 배운 듣기 기술을 사용하려면 연습, 연습 또 연습하십시오. 그러면 당신은 그 노력의 몇 배에 해당하는 보상을 얻게 될 것입니다.

당신이 반복하여 연습을 하면 당신은 자연스럽게 들을 수 있을 것이고 사람들에게 훨씬 더 매력적으로 보일 것이며 훌륭한 청취자가 될 것입니다.

그리고 무엇보다 그들도 당신의 말에 귀기울이기 시작할 것입니다.

제**3**장

왜 들어야 할까?

> "If you love to listen, you will gain knowledge and
> if you incline your ear, you will become wise." - Sirach -
> "만약 듣기를 원한다면 지식을 얻을 것이고,
> 귀를 기울인다면 현명해질 것이다." - 시라크 -

앞서 소개한 두 번째 사례에서 네트웍 사업자는 이해와 신뢰, 동의를 얻을 수 있었습니다. 즉, 상대방이 진심으로 원하는 것이 무엇인지 알게 된 것입니다.

프로스펙트가 진심으로 염려한 것은 '친구에게 물건을

파는 것' 그 자체가 아니라, 자신이 강압적으로 판매를 해야 한다는 것이었고, 사업자는 귀기울여 들음으로써 그 사실을 알게 되었습니다.

하지만 첫 번째 예의 사업자는 프로스펙트가 우려하는 강압적인 판매에 대한 걱정을 오히려 강화시키고 있습니다. 즉, 친구들에게 판매할 필요가 없다고 주장하면서 사업자 자신이 강압적인 판매원인 것처럼 행동했을 뿐만 아니라 프로스펙트의 진정한 염려에는 대답조차 하지 않았던 것입니다.

이것은 두 번째 예에서 사업자가 더 나은 방법이 있음을 제시한 것과는 대조적입니다.

네트웍 마케팅 사업의 성장에 있어서 '강요'가 브레이크라면, '잘 듣는 것'은 성공으로 이끄는 길이며 이 사업에서 성장을 도와주는 연료입니다.

그렇다면 '듣는 것'은 왜 좋은 것일까요?

우리는 간혹 잘 듣지 않아 곤경에 처하기도 하는데, 개인적이고 직업적인 관계에서 일어나는 갈등, 오해, 언쟁, 사업부진, 불쾌한 기분 등은 잘 듣는 것으로 해소될 수도 있습니다.

인간관계의 질은 삶의 질이 결정하므로 인간관계가 빈

약하면 삶의 질도 빈약해질 수밖에 없고 반대로 풍부한 인간관계는 삶의 질도 풍부하게 해줍니다.

생각해 보십시오.

당신이 겪은 혹은 겪고 있는 고통스러운 순간은 대부분 그 고통 자체가 어떤 것이든 다른 사람과의 갈등이 개입되어 있을 것이며, 가장 행복한 순간 역시 다른 사람과 함께 했던 시간들과 관련되어 있을 것입니다.

당신의 인생을 한 번 돌아보십시오.

혹시 '좀더 잘 들었었다면…' 하고 생각되는 순간이 없습니까? 어쩌면 당신의 생각에만 관심을 쏟았을 때, 당신의 자아가 위협당한다고 느꼈을 때, 다른 사람의 말은 귀담아 듣지 않고 당신의 주장만 강하게 내세웠을 때 오갔던 짜증스러운 대화내용이 기억날지도 모릅니다.

그리고 지금은 그것을 후회할지도 모릅니다.

나도 역시 마찬가지입니다.

또한 그다지 듣고 싶지 않았던 상황에서도 어쨌든 들어주었던 기억도 떠오르는데 그럴 경우에는 감사를 드리고 싶은 심정입니다.

효과적으로 들으려면 먼저 입을 다무십시오.

어떤 경우에는 들을 수 있는 마음자세가 회복될 때까

지 대화에서 잠시 벗어나는 것도 좋습니다. 하지만 우리는 가장 절실하게 들어야 할 순간에 가장 적게 듣는 경향이 있습니다.

감정의 열기가 우리의 감정을 최대로 자극할 때가 바로 가장 잘 들어야 할 순간이지만, 분노나 실망감이 마치 귀를 막고 있는 것처럼 가장 듣기 힘든 순간이 되어 버리기도 합니다.

몇 년 전 어느 날, 나는 약혼녀와 함께 집에 있었습니다. 그런데 초인종 소리가 들려왔고 밖으로 나간 약혼녀는 흥분한 상태로 우편물을 들고 들어왔습니다. 그러더니 나에게 우편물을 들이대며 크게 소리쳤습니다.

"이게 뭐야?"

"편지잖아! 왜 그래?"

"여자 이름이잖아. 도대체 누구냐고!"

그녀는 너무 흥분하여 고함을 지르는 것처럼 큰소리를 냈습니다.

봉투를 보니 내 고객 중의 한 명이었습니다. 나는 순간적으로 약혼녀에게 윽박지르고 싶은 생각이 들었습니다. 편지를 그녀의 얼굴에 내던지며 "내 고객인 수잔 스미스 양이야! 당장 내 앞에서 사라져!"라고 받아치고 싶었던 것입니다. 물론 그러고 나면 나의 분노가 정당하다고 느껴 아드레날린은 증가하겠지만 그다지 행복하진 않았을 것입니다.

다행스럽게도 나는 순간적으로 그녀의 생각을 들어볼 필요가 있음을 깨달았고 그래야만 더 큰 싸움으로 확대되는 것을 막을 수 있다는 생각을 하게 되었습니다.

그야말로 내가 말하는 '듣는 법'을 실행한 것입니다.

나는 내막도 모르면서 무조건 공격을 퍼부어대는 약혼녀에 대해 분노가 치밀었지만, 그것을 분노로써 대응하지 않고 두 번 정도 심호흡을 한 후에 그녀를 보며 이렇게 말했습니다.

"많이 화가 났군."

"그래. 화가 나서 미칠 지경이야."

"화나게 해서 미안해. 하지만 무엇 때문에 화가 났는지 알고 싶어."

나의 말은 그녀를 완전히 무장해제 하도록 만들었습니다.

"그냥 화가나."

그녀는 아직 화가 풀리지 않았지만, 말은 훨씬 더 부드럽고 차분해져 있었습니다.

나는 그녀가 한 말을 생각하면서 잠시 조용히 있다가

몇 초 동안 그녀를 바라본 후 이렇게 말했습니다.

"왜 화가 났지? 내가 이해할 수 있도록 그것을 말해줄 래?"

"당신은 늘 여행을 다니잖아. 늘 근사한 호텔에서 머물고 사람들 앞에서 강연하면서 여자들도 많이 만나는데 그들이 누구인지 그리고 당신이 그들에게 어떻게 하는지 나는 아는 게 없어."

"알겠어. 그러니까 나에 대해 잘 모른다는 것 때문에 화가 났군 그래."

"그래. 그래서 늘 불안해."

그 말을 듣고 나는 잠시 생각에 잠겼습니다.

"내가 강연을 다니면서 다른 여자들을 만나는 것이 걱정된다는 의미같기도 하군."

"나는 당신을 믿고 싶고 우리의 관계도 좀더 확실하게 하고 싶어."

"그래. 입장이 바뀌었다면 나도 그렇게 느꼈을지도 몰라. 우리 그것에 대해 좀더 이야기하도록 하지."

우리는 그렇게 문제를 해결했습니다. 그렇다고 우리가 그 문제를 자동적으로 해결한 것일까요? 물론 그렇지 않습니다.

그냥 두어도 해결될 것이라는 생각에서 '듣는 것'을 거부한다면 인간관계의 문제점들은 대부분 해결될 수 없습니다. 오히려 부정적인 감정들이 쌓이고 그렇게 쌓인 감정들이 곪게 되어 암세포처럼 자라나고 친밀함과 이해 그리고 기쁨을 사라지게 만드는 것입니다.

그 날 나는 '듣는 것'으로 배울 수 있다는 것을 다시 한번 확인했습니다. 만약 내가 순간적인 감정으로 대처했다면 어떻게 되었을까요? 아마도 점점 더 화가 나고 분노가 치밀어 진짜 문제가 어디에 있는지 이해할 수조차 없었을 것입니다.

'듣는 것'은 스스로의 이해력을 높여줄 뿐만 아니라 다른 사람들에 대한 이해력도 높여줍니다. 칼 로저스는 그의 저서 『인간이 되는 법』에서 '듣는 것'에 대해 다음과 같이 말하고 있습니다.

"듣는 것은 개인의 기본 인성구조를 변화시키고 타인과의 관계와 대화를 개선하는데 있어서 막강한 힘을 발휘합니다. 만약 상대방이 말하는 것을 들을 수 있고 그것을 이해할 수 있으며 상대방의 개인적인 의미를 볼 수 있고 어떤 감정을 일으키는지 느낄 수 있다면 상대방을 변화시키는 강력한 힘을 발휘할 수 있게 되는 것입니다."

그리고 칼 로저스는 당신이 사람들과의 관계를 개선하

고 진심으로 듣는 것이 얼마나 어려운가를 알고자 한다면 다음과 같이 연습하도록 권합니다.

"만약 다른 사람들과 언쟁을 하게 될 상황에 처한다면, 잠시 토론을 멈추고 상대방에게 좀더 관심을 기울여 들으십시오. 즉, 각자 상대방이 만족할 만큼 상대방의 입장이나 감정을 다시 한 번 파악한 후에 자기 자신에 대해 말하는 것입니다."

물론 이렇게 하는 것이 쉬운 것은 아닙니다. 어쩌면 당신이 지금까지 시도해본 것 중에서 가장 어려운 일일지도 모릅니다.

그리고 상대방을 깊이 이해하고 그의 개인적인 세계에 들어가 인생관을 보는 것은 우선 나 자신을 변화시켜야 할지도 모르는 위험부담을 감수할 만큼 많은 용기가 수반되어야만 합니다. 왜냐하면 우리들 대부분은 '변화'에 대해 두려운 감정을 지니고 있기 때문입니다.

하지만 변화 없는 성장은 있을 수 없습니다. 누구든 변화를 받아들여야 성장할 수 있는 것입니다.

그러므로 개인적으로나 직업적으로 성장하기를 원하고 더 나은 인간관계와 네트웍 마케팅에서 좀더 효율적으로 사람들을 상대하고자 한다면 또한 네트웍 망을 키우고자

한다면 매일매일 좀더 잘 들을 수 있도록 배워야만 합니
다.

제**4**장

무엇을 들어야 하는가?

"Wisdom is the reward you get for a lifetime of listening
when you'd rather have been talking." -Aristotle-
"지혜란 당신이 말하는 대신,
들을 때 얻어지는 보상이다."
- 아리스토텔레스 -

약혼녀가 편지 때문에 나를 비난했을 때, 나는 본능적으로 방어를 하려고 했습니다. 만약 내가 지혜 대신 본능을 따랐다면 짜증나고 아무런 소득도 없는 언쟁을 계속했

을지도 모르지만 다행스럽게도 나는 들으려 했고 들음으로써 그녀가 화를 내는 보다 깊은 이유를 알아낼 수 있었습니다.

하지만 화를 내는 이유를 표면적으로만 바라보려 했다면 정말로 무엇이 문제였는지 알지 못하게 되었을 것입니다.

표면적인 메시지 이면에 숨어 있는 진짜 메시지를 들으십시오. 효과적으로 듣기 위해서는 겉으로 보여지는 메시지 이상을 들어야 합니다. 겉으로 보여지는 메시지는 주로 말로써 전달되는데 '말'이라고 하는 것은 대화의 한 부분에 지나지 않으며 진정한 메시지는 보다 깊은 곳 즉, 말의 저변에 있습니다.

특히 감정이 동반될 때, 사람들이 진정으로 전달하고자 하는 메시지는 수면 아래에 있기 때문에 말만 듣는 것으로는 빙산의 일각만 보고 전체를 본 것처럼 믿는 것과 같습니다. 따라서 90%의 빙산이 물밑에 감춰져 있듯이 대화의 진정한 의미는 90%나 언어 밑에 감춰져 있음을 깨달아야 합니다.

'효과적으로 듣는 법'은 내면의 소리에까지 귀를 기울이는 것으로 겉으로 드러난 메시지 이상을 듣는 것이며 말뿐만 아니라, 말 사이의 공백까지도 듣는 것입니다.

예를 들면 음악을 들을 때 가사뿐만 아니라 악보까지 그리고 메시지의 내용은 물론이고 내면적인 의도까지 들어야만 효과적으로 듣는 것이라고 할 수 있습니다.

어느 날 강연이 끝난 후, 산드라 틸링스트라는 네트웍 마케팅 사업자가 다음과 같은 이야기를 들려주었습니다.

"제 다운라인에 캐롤이라는 사업자가 있는데 그녀는 나를 몹시 화나게 만듭니다. 매번 전화를 걸 때마다 제가 자신을 도와주지 않는다고 불평을 하고 불충분한 지원 때문에 사업이 곤란하다고 하면서 문제를 해결해 줄 것을 요구하곤 하죠."

그러면서 이렇게 덧붙였습니다.

"그녀가 말하기 시작하면 저는 입을 다물었고 그녀가 무엇이라고 말을 하든 듣지 않았어요. 제가 그렇게 방어적으로 대응했기 때문에 서로 얻는 것이 아무 것도 없었지요.

점점 짜증이 늘어났고 그러한 관계는 저의 시간과 감정적인 에너지를 너무 많이 빼앗아갔어요. 실제로 저는 제 자신에 대해 회의적인 생각이 들었고 그녀가 미워졌지요. 지금 생각해 보니 제가 만약 그 당시에 그녀의 말에 귀를 기울였다면 그녀가 진정으로 말하고자 하는 것이 무엇인지 알았을 거라는 생각이 드는군요.

그렇게 비생산적인 대화를 몇 개월이나 반복한 후에야 그녀가 사업을 두려워하고 있고 어떻게 해야 할지를 모르겠다고 말하려 했음을 알게 되었습니다. 그것이 바로 그녀가 말하는 메시지의 이면이었던 것이지요.

진작에 그녀의 말에 귀를 기울였더라면 그녀의 진정한 걱정에 올바르게 대응하고 두 사람의 개인적인 고민도 많이 줄었을 것입니다."

라디오 방송인인 폴 하비가 말했던 '이야기 이면의 이야기' 즉, 메시지 이면의 메시지를 파악해야만 효과적으로 대처할 수 있다는 것을 기억하십시오.

예를 들어 상대방이 화가 났다면 왜 화가 났는지, 슬퍼한다면 그 슬픔은 어디에서 오는지, 들떠 있다면 그 이유가 무엇인지 알아야 하는 것입니다.

다른 사람을 이런 수준까지 이해하는 것은 켄 케이즈가 말했던 것처럼 '즉각적인 의식의 이중성'인 인간의 잠재능력입니다. 우리가 상대방의 관점에서 사물을 인식하면 이전에 우리 자신의 관점에서 사물을 보았던 것보다 두 배나 크게 볼 수 있는 것입니다.

상대방을 설득하려면 강요가 아닌 끈기가 필요합니다. 상대에게 자신의 관점을 강요하면 절대로 설득할 수가 없는 것입니다. 반대로 자신이 상대방의 눈으로 사물을 볼 수 있을 때까지 지속적으로 노력해야만 합니다.

그렇게 상대방을 설득하려면 우선 질문을 하고 잘 들어야 합니다.

또한 우리가 원하는 곳으로 상대방을 데려가려면 우선 그들이 있는 곳으로 가야만 하는데, 내가 알고 있는 최선의 방법은 메시지 이면의 메시지를 듣는 것입니다.

왜냐하면 말하는 것은 상대방을 미는 것과 같고 듣는 것은 상대방을 끌어당기는 경향이 있기 때문입니다. 밀면 상대방의 저항을 불러일으키지만 끌어당기면 협조를 얻게 됩니다.

우리의 생각을 말함으로써 다른 사람을 설득하고자 하는 것은 손잡이로 마차를 미는 것과 같습니다. 이 때, 마차는 우리가 원하는 방향이 아니라 다른 여러 방향으로 갈 것입니다.

마차를 끌어당기십시오. 그러면 마차는 당신이 원하는 대로 따라올 것입니다. 그리고 끈기와 인내를 발휘하십시오. 그러면 강요에 의한 저항감을 극복할 수 있습니다.

상대방의 꿈을 들으십시오.

많은 네트웍 마케팅 회사들이 부르짖는 것 중의 하나가 바로 "꿈을 팔아라!"라는 것입니다. 이것은 매우 훌륭한 생각이기는 하지만 누구의 꿈을 파느냐 하는 문제가 남습니다.

만약 다른 사람을 모집하려는 네트웍 사업자에게 꿈을 팔라고 하면 그들은 프로스펙트가 네트웍 마케팅 사업을 전개함으로써 어떻게 그들의 꿈을 실현할 수 있는지에 대해 매우 정열적으로 말할 것입니다.

하지만 이러한 접근방법에는 그 사업자는 아직 프로스펙트의 꿈이 무엇인지조차 알지 못한다는 문제가 표출됩니다.

왜 모를까요?

그 이유는 자신에 대해 말하느라 너무 바빠서 상대방에게 물어보지 못했기 때문입니다.

당신의 꿈을 팔기 전에 우선 당신이 모집하려고 하는 프로스펙트의 꿈이 무엇인지 알아보십시오. 그들의 꿈을 알고 난 후, 당신의 회사가 그들의 꿈을 이루도록 도와줄 것임을 보여주십시오.

예를 들어 나는 강연자이자 트레이너입니다. 그것은 나의 꿈이었고 현재 나의 생계수단입니다. 나는 대중 앞에서 이야기하는 것이 좋고 그들이 좀더 나은 인생을 살도록 도와주는 것이 즐겁습니다.

그런데 많은 네트웍 마케팅 사업자들이 나를 그들의 회사에 참여시키기 위해 그들의 회사가 얼마나 위대한지 그들의 보상체계는 얼마나 잘 되어 있는지 어떻게 내가 많은 돈을 벌 수 있으며 독립적으로 사업을 전개할 수 있는지에 대해 이야기해주었습니다.

하지만 나는 이미 독립적인 사업자로서 많은 돈을 벌고 있었기 때문에 그러한 이야기가 그다지 매력적으로 느껴지지 않았습니다. 오히려 내가 하고 있는 현재의 일을 사랑하는데 왜 굳이 네트웍 마케팅의 사업자가 되어야 하는지 의아스러웠습니다.

만약 그들이 나의 일을 좀더 확대하고자 하는 나의 꿈을 알아내지 못했다면 나는 결코 네트웍 마케팅 사업에 참여할 필요를 느끼지 못했을 것입니다.

그리고 그들이 처음부터 내가 하는 일을 계속 하면서 그들의 회사와 연결되어 좀더 확대된 방식으로 일할 수 있다는 것을 보여주었다면 나는 보다 쉽게 설득되었을 것입니다.

그렇게 하기 위해 그들은 우선 나의 꿈이 무엇인지 물어보고 내가 이야기하는 동안 열심히 들어야 했습니다.

네트웍 마케팅에서 성공하려면 당신의 꿈을 파는 대신 우선 상대방의 꿈에 대해 알아야 합니다.

어떻게 알아내느냐고요?

일단 상대에게 물어보고 그들의 말에 귀를 기울이십시오.

그러면 성공을 위한 듣기 요령을 알아봅시다.

만약 당신이 한 달 동안 아무런 지원없이 팀을 이끌고 정글에서 살아남아야 하는 상황을 견뎌내기 위해 함께 갈 사람을 선택해야 한다면 그냥 아무나 데리고 가겠습니까?

물론 아닐 것입니다. 당신 자신과 팀원들의 생명이 달려 있는 문제이므로 신중에 신중을 거듭할 것입니다. 아무리 "저를 데려가 주세요"라고 말하는 사람이 있을지라도 선택에 주의해야 합니다.

자기 자신과 팀을 위해 열심히 노력하지 않는 사람들을 위해 시간과 노력을 투자할 필요가 있을까요?

먼저 상대방에 대해 충분히 검토하십시오.

당신은 그들과 이야기하는 것이 즐겁습니까? 함께 식사를 하는 것, 차에 동승하는 것, 집으로 초대하기를 원합니까? 상대방을 신뢰합니까? 그들은 성공을 경험했나요?

그들이 실패에서 얻은 것은 무엇입니까?

당신의 네트웍 망이 성공적으로 뻗어나가기 위해서는 세 가지 타입의 사람들을 잘 관찰해야 합니다. 그것은 현명한 사람, 어리석은 사람, 파괴적인 사람을 말합니다.

◆ 현명한 네트웍 사업자

현명한 사람들은 진실을 알아봅니다. 당신이 진실을 말하면 그들은 듣고 생각하며 합리적이고 객관적으로 평가합니다. 그리고 옳다고 느끼면 자신의 생각을 바꿉니다.

그들은 성장하고 배우기를 희망합니다. 비록 고통이 따를지라도 눈뜬장님이 되기보다는 현실을 직시하는 편이 낫다는 것을 알고 있는 것입니다.

그들은 늘 배우려는 자세를 잃지 않으며 남들이 조언을 하면 "그들의 조언을 모두 들을 것이다. 비록 저 사람의 의견에 동의하지 않더라도 하나라도 더 알게 되는 것이 결코 손해는 아니다"라는 태도로 받아들입니다.

이런 사람들은 과일은 먹되, 씨는 뱉아 내는 현명한 사람들입니다.

◆ 어리석은 네트웍 사업자

어리석은 사람들은 진실을 거부합니다. 다른 사람들의

조언을 원치 않으며 도움을 받으려 하지도 않습니다. 또한 바꾸거나 성장하기를 원치 않습니다.

그들은 변화의 고통을 느끼는 대신 언제나 제자리에 머무는 고통을 선택합니다. 긴 안목으로 고통을 감내하는 것이 아니라, 눈앞의 이익을 구하며 보는 고통이 힘들어 차라리 장님으로 남는 사람들입니다.

어리석은 사람들은 과일을 맛보려고 조차 하지 않습니다. 얼마나 많은 네트웍 마케팅 사업자들이 이렇듯 어리석은 사람들을 변화시키려고 수많은 시간들을 낭비하고 있습니까?

사람들은 변화할 수 있고 실제로 그들이 변화하는 것도 사실이지만, 당신이 사람들을 변화시킬 수는 없습니다. 변화는 스스로 일으켜야 합니다.

◆ 파괴적인 네트웍 사업자

못된 사람들은 진실을 파괴하고자 합니다. 그들은 불평불만자들이며 비판가입니다. 그리고 그들은 자신의 성공만을 가로막는 것이 아니라 다른 사람들의 성공도 가로막습니다.

그들은 늘 부정적이며 계속 부인하고 언제나 변명을 늘어놓습니다. 그리고 과일을 짓밟아 아무도 맛볼 수 없게 합니다.

어떤 사람을 당신의 네트웍 마케팅 사업에 참여시키려면 상대방의 말을 잘 듣고 판단하십시오.

당신의 가장 중요한 자원인 시간과 에너지를 그 사람을 위해 투자하길 원합니까? 그렇지 않다면 참여시키려 애쓰지 마십시오.

그 사람은 꿈이 있습니까? 그렇지 않다면 그를 지나치십시오.

만약 그들에게 꿈이 있다면 그것을 물어보고 그들의 꿈에 대해 귀를 기울이십시오. 그리고 그들에게 기회를 주십시오. 그들이 꿈을 실현시킬 수 있도록 당신의 네트웍 마케팅 회사가 도와줄 수 있다는 것을 보여주십시오.

성공을 원한다면 잘 들어야 합니다. 왜냐하면 '듣는 것'은 상대방이 성공할 수 있는지를 알려주는 단서에 귀기울인다는 의미로 그것은 곧 당신을 성공적으로 만들어준다는 것을 뜻합니다.

제**5**장
어떻게 들을 것인가?

가장 효과적으로 듣는 법의 단순모델을 소개하겠습니다. 우선 이것을 익힌 다음, 고차원의 모델로 옮겨가십시오. 단순모델은 2단계로 다음과 같습니다.

물어보십시오!
그리고
들으십시오!

간단하죠?
하지만 이 공식에는 '말하는 것'이 없음을 주의하십시오. 대부분의 네트웍 마케팅 사업자들은 다음의 2단계 공식을 사용합니다.

말하라!
그리고
좀더 말하라!

첫 번째 모델을 이용하여 열정적으로 물어보고 주의를 집중해서 들으십시오. 그 2단계 공식을 다른 방법으로 표현하면 이렇습니다.

"입을 다물고 절대로 말을 많이 하지 마십시오!"

왜 우리는 다른 사람들의 문제점을 고칠 수 있을 거라고 생각하는 것일까요?

누군가가 괴로워하면서 이야기를 들어주고 이해해주기를 바랄 때, 언제부터 우리는 그들을 돕기 위해서는 해답을 내려주어야 한다고 믿기 시작했을까요?

그렇다고 이 어려운 문제에 당신이 신속하게 대답하기를 원하는 것은 아닙니다.

만약 당신이 즉각적으로 해결책을 내놓는다면 그것은 문제의 심각성을 인정하지 않는 것이고 또한 그것은 나를 의심하는 것이기도 합니다. 그리고 당신에게는 이 문제가 하잘 것 없는 것이어서 내가 당신의 충고를 받아들이기만 하면 문제가 해결될 것이라는 메시지를 주고 있는 것입니다.

세미나를 하는 도중에 간혹 이렇게 말하는 여성을 만나는 경우가 있습니다.

"직장에서 별로 좋지 않은 일이 있었거나 상사와 문제가 발생했을 때에는 그것을 남편에게 말하고 싶습니다. 누군가가 제 말을 들어주면 분노나 울분이 다소 해소되거든요. 하지만 남편은 저에게 무슨 일이 있었는지 채 말을 끝내기도 전에 즉각적으로 해답을 내려 버립니다. '내일 회사에 가면 이렇게 혹은 저렇게 하는 것이 좋아' 라는 식이죠.

그러나 그런 말을 듣고 나면 저는 기분이 더욱더 상해서 친한 친구에게 전화를 걸어 수다를 떱니다. 제 친구가 '어머나, 너 정말 기분이 나빴겠구나' 하고 이야기해 주면 기분이 한결 풀리지요."

사람들이 문제나 걱정거리를 이야기할 때, 상대방이 문제점을 해결해주기를 바라는 경우는 거의 없습니다. 단지 누군가가 들어주고 이해해주며 관심을 가져주기를 바랄 뿐입니다.

그러므로 해결책을 마련해주거나 충고하려 애쓰지 마십시오. 그저 들어주십시오. 물론 이 일이 쉬운 것은 아닙니다. 하지만 들어주어야 합니다.

새롭게 듣는 습관을 들이십시오.

그것은 흡연 대신 비타민을 복용하는 것과 마찬가지입니다. 말을 많이 하는 것은 인간관계에서 흡연이 우리 몸에 작용하는 것과 같고 듣는 것은 비타민의 작용과 같습니다. 하나는 병을 촉진시키고 나머지 하나는 건강을 증진시키는 것입니다.

복합적인 단계의 '듣는 법'을 배우기 전에 먼저 2단계의 공식을 익히십시오. '듣는 법'의 기본 규칙은 '원한다'는 데 있습니다.

어떤 사람들은 듣기를 원하지 않아 듣는 기술을 가르치는 것이 아무런 의미가 없는 경우도 있습니다.

아내 그리고 세 자녀와 함께 살고 있는 나의 친한 친구 한 명은 재미있는 가정 분위기는 물론이고 서로 따뜻한 마음을 공유하고 있습니다.

하지만 내가 밤새도록 이야기를 해도 그들은 아무 것

도 귀기울여 듣지 않습니다. 어느 누구의 이야기도 듣지 않는 것입니다.

아무리 듣는 기술을 가르치려 해도 상대방이 이야기를 들으려 하지 않는다면 무슨 소용이 있겠습니까?

결국 이야기의 핵심은 우선 당신이 '원해야 한다'는 데 있는 것입니다.

복합적인 '듣는 법' 모델

> 주의깊게 듣기 – 수용하기 – 확인하기 – 응답하기 – 다시 반복

주의깊게 들으십시오

효과적으로 듣는 첫 번째 열쇠는 주의깊게 듣는 데 있습니다. 이것은 집중한다는 의미로 가장 어려운 단계입니다. 우리의 마음은 쉽게 산만해지기 때문에 집중한다는 것은 매우 어렵습니다. 따라서 반복적으로 연습을 해야 합니다.

산만해지는 데에는 외적인 요인과 내적인 요인이 있으며 상대방이 말할 때 집중하지 못하도록 방해합니다.

외적인 요인은 소음, 다른 사람들의 목소리, 전화소리, 말하는 사람의 복장이나 말하는 방식 등을 말합니다.

내적인 요인은 정의하기가 매우 곤란하지만 딴 생각을 하는 것, 다음에 말할 것을 생각하는 것, 결론부터 생각하는 것, 상대방의 마음을 읽으려는 것, 상대방의 의도에 대해 가정하는 것 등 진정한 대화를 방해하는 것을 말합니다.

복합적으로 듣는 데에는 엄청난 주의력이 요구됩니다.

상대방이 말할 때 당신의 마음에 뭔가가 있어서 집중할 수 없다면 차라리 잠시 휴식을 취하십시오. 상대방에게 당신이 지금 다른 생각을 하고 있기 때문에 집중할 수 없음을 말하고 나중에 당신이 상대방의 말에 귀기울일 수 있을 때 다시 듣겠다고 양해를 구하십시오.

그것이 거짓으로 듣는 체 하는 것보다 훨씬 나으며, 사실 당신은 거짓으로 듣는 체 할 수가 없습니다.

듣는 기술을 이용하여 산만해지는 것을 막고 집중하려면 많은 훈련이 필요합니다. 우선 마음이 제자리에 놓여 있어야 하고 침착하게 자신의 생각이 분산되지 않도록 신경을 쓰며 필요하다면 휴식을 취하도록 배려해야 하는 것입니다.

나도 이런 연습을 반복하면 할수록 점점 더 나아지는
나 자신을 느낍니다. 또한 다른 사람들에게도 역시 매우
효과가 크다는 것을 알게 됩니다.

듣는 기술을 훈련한 사람들은 좀더 마음을 열어 자기
자신을 보여주게 되고 결국은 새로운 차원의 신뢰와 공감
이 형성되는 것입니다.

나중에 누군가가 당신에게 말을 하면 반드시 한 가지
를 지키십시오. 그것은 바로 '집중'하는 것입니다. 그리고
주의깊게 들으십시오.

완전히 익숙해질 때까지 끊임없이 듣는 기술을 연습하
십시오. 당신은 점점 더 잘할 수 있을 것이고 그것은 당
신의 대화능력을 바꿔놓을 것입니다.

당신이 귀기울이고 있음을 표현하십시오.

그 다음에는 수용(acknowledge)해야 합니다. 상대방의
말에 대해 당신이 관심과 예의를 보여줌으로써 당신이 포
용력이 있고 남을 배려하는 사람이라는 것을 증명할 수
있습니다.

수용의 또 다른 말은 공감(empathize)입니다.

상대방의 입장을 수용하게 되면 우리는 공감할 수 있
습니다. 그렇다고 상대방에게 반드시 동의(agree with)하

라는 의미는 아닙니다. 다만 그들을 이해(understand)하도록 노력하라는 뜻입니다.

그러면 말하는 사람의 감춰진 의도와 감정도 이해하게 되고 갈등과 반감을 줄여주면서 신뢰와 공감대가 만들어지도록 도와줄 수 있습니다.

언뜻 볼 때, 이 단계는 매우 쉬워 보입니다. 하지만 이것은 간단하긴 해도 결코 쉽지는 않습니다.

나는 '듣는 기술'에 대해 강연을 할 때, 수강자들에게 보통 이 연습을 위해 두 시간 정도를 할애합니다. 부디 이 단계를 과소평가하지 마십시오. 항상 염두에 두고 열심히 시도해 보십시오.

상대방을 수용하는 방법에는 여러 가지가 있지만 가장 좋은 것은 상대방이 말을 끝냈을 때, 잠시 침묵(pause)하는 것입니다.

대화에서 커다란 차이를 만드는 것은 아주 작은 것들이라는 점을 기억하십시오.

대부분의 사람들은 다른 사람들이 말을 마치기가 무섭게 즉각적으로 말을 시작하며 가끔은 당신이 미처 마지막 말을 하기도 전에 혹은 말을 하는 중간에 당신의 말을 가로채기도 합니다.

이럴 경우, 당신이 받는 메시지는 무엇입니까?

당신은 아마도 상대방이 당신의 말을 잘 듣고 있지 않았음을 알게 될 것입니다. 당신이 말하는 동안 그들은 대답을 궁리하고 있었던 것입니다. 그래가지고는 상대에게 신뢰를 줄 수 없습니다.

상대방이 이야기를 마쳤더라도 잠시 침묵하면서 상대방의 눈을 보십시오. 2, 3초 동안 그렇게 있는 것을 나는 '황금의 침묵(Golden Silence)'이라고 부릅니다.

침묵이 주는 메시지는 무엇일까요?

아마도 "당신이 한 말은 너무나 중요해서 대답하기 전에 충분히 고려할 시간이 필요합니다. 나는 당신의 말을 주의깊게 들었고 당신이 말하고자 하는 것이 무엇인지 생각하고 있습니다"일 것입니다.

물론 이러한 침묵은 대화 중의 침묵에 익숙하지 않은 사람들에게 처음에는 불편함을 느끼게 할 것입니다. 이것이 불편하다면 그저 심호흡을 한 번 하는 것도 좋을 것입니다. 심호흡을 하면서 동시에 말을 할 수는 없으니까요.

또 다른 방법은 상대방에게 언어적인 휴식을 주는 것입니다.

상대방이 말을 마쳤을 때, 간단히 "아, 네", "네", "아

혹은 으흠"하고 말을 하십시오. 이렇듯 사소한 작업이 대화의 과정을 변화시킵니다.

왜 그럴까요?

그것은 상대방에게 당신이 듣고 있음을 증명해주기 때문입니다. 또한 당신이 침착하게 주의를 집중할 수 있도록 만들어주기 때문에 상대방에게 좋은 느낌을 주게 됩니다.

이러한 방법은 함께 의미를 나눌 수 있도록 해주고 또한 이해를 도와줍니다. 한 번 시도해 보십시오! 이 단계를 간과하지 말고 열 번 정도 시도해본 후에 결과를 보십시오.

당신의 듣는 기술이 개선되면 상대방이 보내고 있는 감정적인 메시지를 인정하도록 노력하십시오.

이것은 좀더 어려운 과제이지만 만약 당신이 어떤 사람에게 진심으로 이해받고 있다는 느낌을 주고 싶다면 귀 기울여 듣고 그들의 감정을 공유해야 합니다.

자, 이런 말은 어떨까요?

"당신은 이 일로 정말 많이 화가 나 있는 것 같군요."

"당신은 뭔가 주저하고 있는 것 같습니다."

"그 일로 상처받았겠군요."

"중요한 문제를 제기하셨습니다."

"그것을 언급해주셔서 감사합니다."

"그런 대우를 받았다니 기분이 나쁘겠군요."

"네트웍 마케팅과 연관되어 당신을 꺼림칙하게 만드는 다른 경험을 한 적이 있었군요."

"알겠습니다. 당신은 네트웍 마케팅이 사람들에게 부담을 주는 것이라고 느끼는군요."

"이해합니다. 당신은 판매가 당신 성격에 맞지 않는다고 생각하는군요."

"당신은 이것에 대해 확신이 없는 것 같습니다."

"다른 회사에서 있었던 일 때문에 화가 나셨군요."

앞서 말했듯 나의 약혼녀가 소리를 질렀을 때, 나는 처음에 방어적으로 대응하려 했습니다. 만약 내가 그렇게 반응했었다면 어떻게 되었을까를 생각해 봅시다.

"이건 뭐지?"

"편지잖아! 뭐가 문제야?"

"이 여자 누구야? 이 여자가 누군지 알고 싶어."

"수잔 스미스라는 고객이야! 이제 귀찮게 굴지마."

아마도 이런 식으로 고성이 오고갔겠죠. 이런 대화에서 무엇을 느끼십니까?

내가 그녀를 수용했나요? 아닙니다.

무엇보다 나는 침묵하지 않았고 그저 즉각적으로 반응을 보였습니다. 그리고 그녀는 소리를 질렀고 나도 맞서서 큰소리를 냈습니다.

하지만 그러한 자세는 문제해결에 아무런 도움도 되지 않습니다.

보다 성숙한 사람들은 현명하게도 감정적인 메시지를 인정할 줄 압니다. 우리의 대화를 다시 한 번 다듬어 봅시다.

"이건 뭐지?"

(잠시 침묵, 심호흡!)

"뭔가 불만이 있는 것 같군."

여기서 상대방은 두 가지 중의 하나로 반응할 것입니다. 내가 이해한 것이 정말 옳다면 그녀는 "그래, 난 정말로 불만스러워"라는 반응을 보일 것입니다. 하지만 반대로 나의 이해가 틀리다면 "아니, 불만스러운 것이 아니라 너무 화가 난 거야!"라는 반응이 돌아올 것입니다.

사실, 내가 옳든 그르든 그것이 중요한 것은 아닙니다. 중요한 것은 내가 그녀의 느낌을 수용하면서 상대방에게 나의 이해를 확인하거나 고쳐줄 수 있는 기회를 준다는 데 있습니다.

이러한 자세는 어느 쪽이든 대화의 갈등, 긴장과 반감을 경감시키는 과정의 시작입니다.

간혹 빨리 마음을 가라앉히지 못하고 상대방으로부터 두 세 번이나 인정을 받아야 진심을 깨닫는 사람들도 있습니다. 하지만 일단 그것을 깨닫고 나면 크게 충격을 받아 애초에 자신이 무엇 때문에 그렇게 화가 났었는지조차 기억하지 못하기도 합니다.

듣는 것은 이렇듯 대화의 과정을 변화시킵니다.

확실하게 밝히십시오.

현명하고 효율적으로 응답을 하려면 먼저 그 사람이 말하는 것이 무엇인지 명백히 밝혀야 합니다. 여기서 '명백'이라고 하는 것은 투명하게 애매모호 하지 않게 분명하게 정확하게 그리고 환히 밝히는 것을 말합니다.

그리하여 서로간에 이해의 폭이 같고 공감을 느낄 수 있도록 상대방의 의도를 명백히 해야 하는 것입니다. 상대방이 말하는 의도를 확실히 밝혔을 때, 우리는 상대방으로부터 "맞아요, 바로 그거예요!"라는 말이나 "바로 맞추셨습니다."라는 대답을 원합니다.

네트웍 마케팅의 기회를 이야기할 때, 일어나는 가장 큰 실수는 잘 듣지 않는 것에서 기인합니다. 주의깊게 들지 않으면 중대한 실수를 저지르게 되는데 예를 들면 이런 식으로 대화가 진행되는 것입니다.

프로스펙트 : 이 사업에서 얼마동안 일하셨습니까?

네트웍 사업자 : 6개월입니다.

프로스펙트 : 감사합니다만, 관심이 없습니다.

앞에서 복합적으로 '듣는 법'은 '주의깊게 듣기 - 수용하기 - 확인하기 - 응답하기 - 다시 반복'으로 이루어진다고 했습니다. 그러면 위의 사업자는 이 네 가지 요소 중에서 어떤 것을 건너뛰었습니까?

상대방의 말을 수용했습니까? 아닙니다. 곧바로 응답을 하고 말았습니다. 그것이 바로 문제점입니다. 수용과 확인의 과정 없이 곧바로 대답하는 것은 불만족스러운 대화로 끝나고 맙니다.

그러면 인정과 확인의 단계를 이용한 사례를 살펴보겠습니다.

프로스펙트 : 이 사업에서 얼마동안 일하셨습니까?

네트웍 사업자 : 매우 흥미있는 질문이군요.(수용) 그것이 당신에게 왜 중요한 것인지 말씀해 주실 수 있습니까?(확인)

프로스펙트 : 글쎄요. 저는 확실히 확인되지 않은 일에
참여하는 것을 원치 않습니다.

네트웍 사업자 : 잘 알겠습니다.(수용) 당신은 확실하게
보장된 기회에만 관심이 있으신 거로군요.(확인)

프로스펙트 : 그렇습니다. 저는 개척자 타입은 아니거
든요.

네트웍 사업자 : 당신에게 이 일이 확실히 보장된 기회
라는 것을 증명하려면 어떻게 해야 할까요?

프로스펙트 : 제가 당신 회사에서 최소한 2년 이상 성
공적으로 일하고 있는 사람들을 다섯 명 정도 만나볼 수
있을까요?

네트웍 사업자 : 물론입니다. 그렇게 해드리지요. 더 궁
금한 사항은 없습니까?

이 대화를 잘 살펴보십시오. 사실, 프로스펙트는 사업
자가 그 사업에서 몇 년 동안 일했는지에 대해 그다지 관
심이 없습니다.

첫 번째 예에서의 사업자는 상대방의 표면적인 메시지
에 곧바로 응답을 했고 그것으로 스스로의 발등을 찍고
만 것입니다.

하지만 두 번째 예에서의 사업자는 수용과 확인을 통

해 메시지 이면의 메시지를 들었고 프로스펙트가 진정으로 관심있는 것은 확인된 성공사례라는 것을 알았기 때문에 긍정적인 결과를 유도하는 방향으로 대답을 하고 있습니다.

물론 이러한 과정은 보다 더 많은 작업을 필요로 합니다. 어떤 경우에는 탐정이나 의사 혹은 심리치료사가 물어봄직한 지능적인 질문도 해야 합니다.

다시 한 번 강조하지만 듣는다는 것은 매우 어려운 일입니다. 하지만 그만큼 보상도 확실하게 주어집니다.

상대방의 말을 명확히 파악하고자 할 때에는 개방적으로 물어보십시오. 개방적인 질문이야말로 효과적으로 듣는 법의 기본이며 쓸데없는 생각을 막아줍니다.

개방적인 질문의 사례는 다음과 같습니다.

◇ 좀더 말씀해 주십시오.

◇ 자세히 말씀해 주시겠습니까?

◇ 무슨 의미인가요?

◇ 당신이 걱정하는 것에 대해 더 말씀해주겠습니까?

◇ 대답하기 전에 제가 이해할 수 있도록 자세히 말씀해 주십시오.

◇ 당신의 불만을 이해하고 싶습니다. 또 다른 문제는

없습니까?

　◇ 그렇다면 당신이 염려하는 것은 … ….

'확인'은 당신이 상대방의 관점에서 세상을 보도록 해주며 또한 상대방이 어떻게 느끼고 있는지 이해할 수 있게 해줍니다. 그러므로 만약 당신이 상대방의 시각에서 세상을 볼 수 있다면 상대방이 사고자 하는 것을 팔 수 있을 것입니다.

또 다른 사례로써 제 2장의 대화 내용을 다시 한 번 살펴보겠습니다.

프로스펙트 : 나는 친구들에게 물건을 팔고 싶지 않습니다.

네트웍 사업자 : 그렇게 말씀하시니 참 흥미롭군요.(수용) 제가 아는 가장 성공적인 사업자들 중의 한 사람도 그렇게 말한 적이 있습니다. 좀더 말씀해 주시겠습니까? (확인)

프로스펙트 : 나는 다른 사람이 나에게 무엇인가를 하도록 강요하면 참을 수가 없습니다. 그래서 나도 다른 사람에게 강요하기가 싫어요. 나는 판매원 체질이 아닌가봐요.

네트웍 사업자 : 그러니까 당신은 사람들이나 친구들 그리고 그 누구에게도 강요하는 것 같은 느낌을 싫어하는군요.(확인)

프로스펙트 : 그렇다고 할 수 있죠.

네트웍 사업자 : 당신은 ‘판매’이라는 말을 통해 ‘강요’라는 말을 떠올리는 것 같습니다. 그래서 그 일을 하고 싶지 않은 거고요.

프로스펙트 : 맞아요.

이렇듯 상대방이 염려하는 것에 대해 대답하기 전에 그 염려가 무엇인지 이해할 필요가 있습니다. 즉, 복합적으로 듣는 요령을 통해 표면적인 것이 아니라 이면에 있는 것을 알아야만 상대방을 존중할 수 있고 또한 관심을 보여줄 수 있으며 변화에 대한 상대방의 거부감을 극복하도록 도와줄 수 있는 가능성을 높일 수 있습니다.

네트웍 마케팅을 전개하는 사업자들의 목적은 어떤 사람에게 사업의 기회에 대하여 충분한 정보를 주고 그것에 대해 검토를 한 후, 스스로 결정을 내리도록 하는 데 있습니다.

성공적인 네트웍 마케팅 사업자들에게 “만약 당신이 이 사업을 다시 시작한다면 어떤 부분을 수정하겠습니까?"라고 질문을 하면 대부분의 사업자들이 이렇게 대답합니다.

"관심이 없는 사람들을 설득하는 시간을 줄이고 관심 있는 사람들과 보다 더 많은 시간을 함께 보내겠습니다."

이 점은 나도 동감하는 바입니다.

만약 진심으로 귀기울여 들을 줄 아는 사람들이 네트웍 마케팅의 기회를 소개했다면 훨씬 더 많은 사람들이 관심을 가졌을 것입니다.

말을 잘 한다고 해서 팔리는 것은 아닙니다.

열심히 귀기울여 들을 때, 가장 잘 팔린다는 사실을 기억해 두십시오.

가장 위대한 보험 설계사 중의 한 사람인 벤 휄맨은 2단계의 판매성공 공식을 이용하였습니다. 첫 번째 단계는 문제를 찾는 것이고 두 번째는 그 문제를 해결할 방법을 찾아내는 것입니다.

당신도 그 방법을 적용해 보십시오. 하지만 당신이 모든 감각을 동원하여 열정적으로 듣지 않는다면 결코 문제를 찾을 수 없을 것입니다.

상대방의 질문에 곧바로 응대하지 마십시오.

그리고 어떻게 대답할 것인지 생각하고 문제가 무엇인

지 알아내십시오. 바로 이것이 복합적으로 듣는 요령입니다.

최선의 정보를 제공하십시오.

자, 이제 대답할 시간입니다. 하지만 조심하지 않으면 듣자마자 곧바로 대답하게 된다는 것을 상기하십시오. 너무 빨리 대답하는 버릇은 고치기가 어렵습니다. 듣고 수용하고 확인하고 그리고 나서 대답하십시오.

상대방의 말을 이해하면 우리는 보다 더 나은 대답을 할 수 있다는 자신감을 갖게 됩니다. 하지만 모든 경우에 반드시 해답을 갖고 있는 것은 아닙니다. 그리고 그럴 필요도 없습니다.

그렇지만 대답은 꼭 필요합니다. 상대방의 말에 열심히 귀를 기울였다면 대답은 그다지 어려운 일이 아닙니다.

우리는 다음과 같이 할 수 있습니다.

◇ 합당한 경우, 우리는 해결책이나 해답을 줄 수 있습니다.

◇ 우리는 정보를 제공할 수 있습니다.

◇ 우리는 행동하는데 동의할 수 있습니다.

◇ 우리는 그들을 모임에 초대할 수 있습니다.

◇ 우리는 그들에게 샘플을 줄 수 있습니다.

◇ 우리는 그들을 교육시킬 수 있습니다.

◇ 우리는 그들에게 테이프나 신문기사 또는 책을 줄 수 있습니다.

◇ 우리는 다양한 선택의 여지를 제공할 수 있습니다.

◇ 우리는 상대방이 해결책을 찾도록 도와줄 수 있습니다.

◇ 우리는 상대방이 선택권을 제시하도록 제의할 수 있습니다.

◇ 우리는 상대방에게 되물어 볼 수 있습니다. 예를 들면 이렇게 말하는 것입니다.

"어떻게 하면 좋을까요?"

"당신은 그것을 어떻게 할 생각입니까?"

"그것은 당신이 해결해야 할 것 같습니다. 저도 힘닿는 대로 돕겠습니다."

만약 당신이 20개의 단어로 대답할 수 있다면 50개의 단어를 쓰지 마십시오. 너무 많이 말하는 것보다는 차라리 적게 말하는 것이 훨씬 더 나은 방법입니다.

당신이 말을 적게 할 때 관심이 있는 상대방은 보다 더 자세하게 물어오지만, 당신이 너무 말을 많이 하게 되면 관심이 있던 상대방도 관심을 잃게 될 확률이 높아집니다. 지나친 것은 좋지 않습니다.

복합적으로 듣는 요령을 사용하는 시기

복합적으로 듣는 요령을 사용하는 최적의 시기는 당신이 그것을 필요로 할 때이며, 생각보다 자주 그런 상황이 발생할 것입니다.

만약 상대방이 "당신의 이름은 무엇입니까" 라고 물어본다면, 듣는 요령을 사용할 필요가 없겠지요.

그리고 "언제 시작할 수 있나요?"라고 물어본다면 "흥미로운 질문입니다. 좀더 말씀해 주시겠습니까?"라고 말할 필요가 없을 것입니다. 만약 "절대로 안 됩니다" 라고 한다면 사용하지 마십시오.

하지만 상대방의 질문이나 말하는 것이 애매할 때, 상대방이 말한 것 중에서 확실치 않은 것이 있을 때, 상대방의 말이 여러 가지 의미로 해석될 수 있을 때, 상대방의 메시지에 감정적인 부분이 내포되어 있을 때 등의 상황에서는 복합적으로 듣는 요령이 좀더 효과적으로 들을 수 있도록 도울 것입니다.

'의미'는 말이 아니라 사람들에게 있음을 이해하십시오. '가끔'이라는 말이 다른 사람들에게 의미하는 것과 당신에게 의미하는 것은 다를 지도 모릅니다.

영어에서 가장 보편적으로 쓰이는 500개의 단어는 무려 14,000개의 뜻을 갖고 있습니다. 그렇다면 과연 상대방은 그 단어들을 어떤 의미로 사용할까요?

만약 상대방이 "관심이 있습니다" 라고 말한다면 그 관심도가 어느 정도일까요?

어떤 사람은 왜 "저는 다단계 마케팅이 싫어요"라고 말하는 것일까요? 그 사람이 말하는 다단계 마케팅의 의미는 무엇일까요?

그리고 상대방이 확신이 없거나 불만스럽거나 혼란스럽거나 자신감이 부족할 때, 그들은 우리가 명석한 충고를 해주는 대신, 귀기울여주고 이해해 주기를 바랄 것입니다.

또한 복합적으로 듣는 요령이 사용되는 중요한 시기는 당신이 다른 사람을 위대한 청취자가 될 수 있도록 가르칠 때입니다.

상대방을 가르치는 최선의 방법은 당신이 실제로 모범을 보이는 것이고 모범을 보이는 실천자세야말로 지도력의 정수라고 할 수 있습니다.

내 친구인 테드의 아내는 네트웍 마케팅 사업자입니다. 그는 아내인 샌드라가 사업에 열중할 수 있도록 전적으로 지원해주고 있습니다.

테드는 이 책을 읽고 곧바로 실천에 옮겨 훌륭한 결과를 얻었습니다.

어느 날 밤, 샌드라는 그녀의 집에서 모임을 주선했는데, 갑자기 급한 볼일이 생겨 외출을 해야만 했습니다. 할 수 없이 그녀의 다운라인에 있는 사람들은 샌드라 없이 모임을 진행해야 했습니다.

테드가 퇴근을 하여 집에 도착하자 그 모임은 거의 끝나가고 있었고 남은 한 명의 프로스펙트 주위에 다섯 명의 사업자들이 회사에 관해서 이야기를 들려주고 있었습니다.

테드는 사업자들이 너무 자신들의 이야기만 쏟아놓고 상대방의 이야기에는 귀를 기울이지 않는다는 것을 깨닫고, 곧바로 자신을 소개한 후에 프로스펙트에게 질문을 하면서 듣기 시작했습니다.

물론 그 결과는 극적이었습니다.

프로스펙트는 마음을 열기 시작했고 방어적인 자세에

서 수용적인 자세로 변했던 것입니다. 테드는 상대방에게 계속하여 질문을 하였고 결국 상대방의 관심이 무엇인지 알게 되었습니다.

그리고 채 15분이 지나기도 전에 상대방은 매우 들떠서 어떻게 사업자가 될 수 있는지를 물어왔습니다.

그 다음날, 테드는 나에게 자동응답기의 메시지들을 들려주었는데 그것은 그 전날 테드의 듣는 자세를 보았던 다섯 명의 사업자들 중 너무나 깊은 감명을 받았던 세 명에게서 온 메시지였습니다.

테드는 실제로 모범을 보임으로써 그들에게 네트웍 마케팅의 성공비법을 가르쳐 주었던 것입니다.

당신이 누군가를 이해하고 싶을 때 역시 복합적으로 듣는 요령을 사용하십시오. 그리고 상대방이 당신을 이해해주기를 바랄 때에도 사용하십시오.

당신이 먼저 상대방의 말을 듣는다면 상대방도 그렇게 할 확률이 높습니다.

강한 연대의식을 쌓고 싶을 때에도 복합적으로 듣는 요령을 사용하십시오. 그러면 그들에게 영향력을 행사할 수 있는 최상의 기회를 얻을 수 있을 것입니다.

갈등을 줄이고 싶을 때나 설득력을 높이고 싶을 때 그리고 상대방이 원하는 것을 갖도록 도와줌으로써 당신이 원하는 것을 얻고자 할 때에도 복합적으로 듣는 요령은 당신을 도와줄 것입니다.

제6장
결론

2단계로 '듣는 법'은 가장 단순하면서도 효과적인 판매 모델입니다.

물어 보라!

들어라!

물어 보라!

들어라!

물어 보라!

들어라!

특히 사람들을 대상으로 하는 사업에서의 성공 공식입니다. 하지만 대부분의 판매인들은 이와 반대되는 공식을 사용하고 있습니다. 즉, '그들은 말하라! 더 말하라! 계속 말하라! 그리고 또 말하라!'라는 공식을 사용하는 것입니다. 이것은 실패의 공식입니다.

귀기울여 들으십시오.

들어야만 상대방이 행동하도록 동기를 유발할 수 있는 것이 무엇인지 파악하게 됩니다.

당신이나 나는 다른 사람들을 움직일 수 없습니다. 그들을 움직이는 것은 바로 그들 자신입니다. 당신이 달팽이에 불을 대면 에스카르고(달팽이 요리)를 얻게 되지만, 사람의 꿈에 불을 지피면 행동을 얻게 됩니다.

무엇이 상대방을 움직이게 하는가를 파악하기 위해 귀기울여 듣고 그 다음에는 그것을 주십시오.

듣는 것은 판매의 가장 효과적인 방법입니다.

왜냐하면 사람들은 당신의 필요성이 아니라 스스로의 필요성에 의해 물건을 사기 때문입니다. 그러므로 당신의 필요성을 설교하는 대신, 그들의 말에 귀를 기울이십시오.

듣는 것은 판매 과정에서 강요할 필요를 없애줍니다. 이것은 결국 상대방에게 강요하지 않고 물건을 팔 수 있다는 것을 의미합니다.

만약 그들이 당신과 이야기를 나눈 후에 기분이 좋아졌다면 헤어지면서 '나도 한 번 해보고 싶어지는 걸'하고 생각하게 될 것입니다.

많은 사람들이 '판매'에 대해 오해를 하고 있습니다. 즉, 다른 사람들이 원하지도 않는데 어떤 것을 구입하게 하거나 하게 하는 것이라 믿고 있는 것입니다.

만약 당신이 말을 많이 해서 '그 무엇'을 팔았다면, 그들의 믿음이 옳은 것입니다.

진정한 판매는 사람들로 하여금 인생의 질을 높일 수 있는 결정을 하도록 도와주는 것입니다. 그리고 그렇게 하려면 귀기울여 들어야만 합니다.

만약 당신이 단지 몇 시간 동안의 흥분을 원한다면, 자극적으로 동기를 유발하는 강사의 강의를 들으십시오. 하지만 사업과 개인적인 성공을 원한다면 스티브 사피로의 강연을 들어야 합니다.

그의 연설과 세미나가 다른 것들과 다른 두 가지 특징은 첫째, 당신 회사만의 독특한 상황과 제품에 대해 최고 수준의 맞춤 강연을 들을 수 있습니다. 그는 절대로 같은 내용을 반복하지 않습니다.

둘째, 당신의 사업에서 단순히 높은 평가 이상의 상당한 결과를 이룰 것입니다.

"저도 6년 동안이나 다른 강사들처럼 성공적으로 청중을 즐겁게 해주고 그들에게 자극을 주었지만, 한 달 정도

지나면 아무 것도 변화한 것이 없다는 것을 깨달았습니다. 사람들은 제 연설을 좋아했고 사례들을 기억하기도 했지만, 그들의 행동이나 결과를 바꾸지는 못했습니다.

그래서 2년 전 저를 바꾸었지요. 이제 그들에게 자극적인 동기유발을 주려고 하는 대신 그들의 인생과 사업에서 보다 나은 결과를 얻도록 당장 할 수 있는 아주 특정한 것들을 말해줍니다. 그래서 어떻게 됐는지 아세요? 사람들은 전체적인 면에서 진정으로 자극받기 시작했습니다."

스티브는 8년 전 독자적인 재택사업을 시작하여 지금은 성공적인 강연, 트레이닝과 상담 회사인 사피로 인력그룹을 이끌고 있습니다. 그리고 그는 세 권의 책을 저술했고 비디오 5부작과 '정신력의 파워 - 판매를 증진시키는 일곱 가지 원칙들'이라는 오디오 테이프를 제작했습니다.

그의 고객으로는 네트웍 마케팅 회사들, 사업을 시작하려는 기업가들 그리고 아메리칸 익스프레스, 컴팩, 야마하와 메리오트같은 「포춘」이 선정한 1,000대 기업들이 있습니다.